Thierry Roussillon

Un parfum de tajine

Photographies de Denys Clément

Stylisme d'Isabelle Dreyfus

ISBN : 978-2-7540-0552-4
Dépôt légal : 4e trimestre 2007
Imprimé en France - L45965
Édition : Aurélie Starckmann
Conception graphique : KUMQUAT
Photos © Denys Clément
Pictogramme © Pascale Etchecopar

Isabelle Dreyfus remercie :
ArtSud, Isabelle de Margerie, La grande Mosquée de Paris, Les Autruches, Home, Pier Import, Habitat, +Bo, Liwan, CSAO, Ikéa, Sentou, La vaisselle Jars, Emmanuelle C., Danielle S., et Delphine B.

Nous nous efforçons de publier des ouvrages qui correspondent à vos attentes et votre satisfaction est pour nous une priorité. Alors, n'hésitez pas à nous faire part de vos commentaires :

Éditions First
2 ter, rue des Chantiers
75005 Paris – France
e-mail : firstinfo@efirst.com
Site internet : www.efirst.com
Pour contacter l'auteur : thierryroussillon@yahoo.fr

Sommaire

Introduction

Le tajine, c'est d'abord le nom d'un plat en terre cuite vernissée originaire des pays du Maghreb, et utilisé pour la cuisson lente et mijotée de ragoûts de viande, de poisson ou de légumes. Il se compose de deux parties : une base, creuse et ronde, et un couvercle conique. Une fois assemblé, l'ensemble est quasiment hermétique, ce qui évite les déperditions de chaleur et garantit une cuisson à l'étouffée efficace.

Attention cependant, les plats traditionnels doivent souvent être trempés dans de l'eau plusieurs heures avant utilisation, et ne supportent pas le contact direct avec une source de chaleur. Il ne faut donc pas les poser directement sur le gaz ou la plaque chauffante. Mais il est en revanche nécessaire d'intercaler un diffuseur de chaleur.

À noter qu'il existe aujourd'hui des modèles de plats à tajine modernes (notamment en fonte), particulièrement bien adaptés à l'induction.

Si auparavant, pour acheter un plat à tajine, il était quasiment indispensable de prendre l'avion pour le Maroc, cet ustensile est aujourd'hui devenu courant, puisque les grandes marques de plats de cuisson en proposent de toutes tailles et de toutes couleurs.

Pour autant, s'il est préférable de préparer son tajine dans un plat à tajine, ce n'est pas du tout obligatoire. Une cocotte en fonte munie de son couvercle peut ainsi très bien faire l'affaire. Mais, plus inattendu, c'est également aussi le cas du wok : la forme de la poêle et du couvercle bombé est parfaitement adaptée à la cuisson des tajines, dont il existe une grande variété.

En effet, le principe du tajine, c'est de faire longuement mijoter un certain nombre d'ingrédients (bœuf, agneau, veau, poulet, dinde, canard, poissons, coquillages...) associés à des légumes (oignons, carottes, courgettes), des fruits (abricots secs, citron confit, pruneaux, amandes, etc.), parfumé d'un mélange d'épices subtilement dosé (safran, cumin, gingembre, ras el hanout) et d'herbes fraîchement ciselées (coriandre, persil, basilic).

Du coup, le nombre de combinaisons et de recettes différentes est très important, d'autant que sur ce même principe de cuisson à l'étouffée, on peut également imaginer des tajines sucrés à base de fruits frais et de fruits secs, et pareillement aromatisés d'épices ou d'herbes ciselées.

Tajine d'agneau aux olives et au miel

coût moyen • facile à réaliser • préparation : 20 min • cuisson : 1 h 15 • pour 6 personnes

1 planche à découper

1 paire de ciseaux de cuisine

1 plat à tajine (ou cocotte, sauteuse, etc.)

1,2 kg de gigot d'agneau coupé en gros cubes

2 cuil. à soupe d'huile d'olive

4 oignons

2 douzaines de grosses olives violettes

2 cuil. à soupe de miel

1 bouquet de persil plat

100 g d'amandes effilées

1 bâton de cannelle

1 cuil. à soupe de cumin

sel

poivre

1 Pelez les oignons et émincez-les finement. Lavez le persil et ciselez-le.

2 Posez votre plat de cuisson sur feu moyen et versez-y l'huile d'olive. Faites-y revenir les oignons avec le bâton de cannelle et le cumin.

3 Au bout de 5 minutes, ajoutez le miel et les morceaux de viande. Mélangez bien, puis ajoutez les olives et la moitié du persil. Versez de l'eau à hauteur des ingrédients. Salez et poivrez. Couvrez et prolongez la cuisson à feu doux pendant 1 heure 10.

4 Ajoutez le reste du persil ciselé et les amandes effilées avant de servir.

variante

Vous pouvez remplacer le persil plat par de la coriandre.

truc de cuisinier

Pour leur donner plus de goût, faites griller les amandes à sec pendant 1 minute, dans une poêle à revêtement antiadhésif posée sur feu vif.

Tajine d'agneau aux fruits secs

coût moyen • assez facile à réaliser • préparation : 20 min • cuisson : 1 h 20 • pour 6 personnes

1 planche à découper

1 paire de ciseaux de cuisine

1 plat à tajine (ou cocotte, sauteuse, etc.)

1 poêle à revêtement antiadhésif

1,2 kg d'épaule d'agneau coupée en cubes

4 oignons

3 cuil. à soupe d'huile d'olive

12 pruneaux

6 abricots secs

100 g d'amandes effilées

3 cuil. à soupe de graines de sésame

4 brins de menthe fraîche

2 cuil. à soupe de miel

1 cuil. à café de cannelle moulue

2 doses de safran

sel

poivre

1 Pelez les oignons et émincez-les. Lavez la menthe, essorez-la dans un linge propre et ciselez-la.

2 Dans un plat à tajine (ou une sauteuse), faites chauffer l'huile d'olive et faites-y revenir les oignons émincés à feu doux. Ajoutez 10 cl d'eau, couvrez et comptez 10 minutes de cuisson. Dans le plat, déposez alors les morceaux de viande, les pruneaux, les abricots secs, la cannelle, le safran et le miel. Salez et poivrez. Ajoutez de l'eau à hauteur des ingrédients, couvrez à nouveau et prolongez la cuisson 1 heure 10 encore, toujours à feu doux.

3 Par ailleurs, faites griller, à sec (c'est-à-dire sans matière grasse) et pendant 1 à 2 minutes, les amandes et les graines de sésame dans une poêle à revêtement antiadhésif posée sur feu vif.

4 Présentez directement dans le plat à tajine (ou à défaut, dans un plat de service). Ajoutez les amandes grillées, les graines de sésame et parsemez de menthe ciselée avant de déguster.

variante

Vous pouvez remplacer les abricots secs par des figues séchées.

truc de cuisinier

Si vos pruneaux ou vos abricots vous semblent un peu trop secs (certains sont plus moelleux que d'autres), déposez-les au fond d'un bol et recouvrez-les de thé à la menthe tiède, afin qu'ils se réhydratent.

Tajine d'agneau au potiron

coût moyen • facile à réaliser • préparation : 20 min • cuisson : 1 h 10 • pour 6 personnes

1 planche à découper
1 plat à tajine - 1 poêle

1,2 kg d'épaule d'agneau

2 oignons émincés - 30 g de beurre

3 cuil. à soupe d'huile d'olive

600 g de chair de potiron

1 cuil. à soupe de cumin

1/2 bouquet de coriandre

1/2 bouquet de persil

150 g d'amandes effilées

sel - poivre

Dans un plat à tajine ou une sauteuse posée sur feu doux, faites fondre le beurre avec l'huile d'olive. Faites-y revenir les oignons, puis la viande coupée en cubes. Parsemez de cumin et de persil ciselé, puis versez de l'eau à hauteur. Salez, poivrez, couvrez et faites mijoter 45 minutes environ.

Coupez le potiron en cubes et ajoutez-les à la préparation. Prolongez la cuisson 25 minutes encore, en ajoutant un peu d'eau si nécessaire.

Faites alors griller les amandes à sec (c'est-à-dire sans matière grasse) dans une poêle à revêtement antiadhésif.

À l'issue de la cuisson, ajoutez les amandes entières et la coriandre ciselée. Dégustez bien chaud avec de la semoule, du riz ou des pâtes fraîches.

Tajine de mouton aux raisins secs

coût moyen • assez facile à réaliser • préparation : 20 min • cuisson : 1 h 20 • pour 6 personnes

1 planche à découper
1 plat à tajine - 1 poêle

1,2 kg de viande de mouton

4 oignons émincés

3 cuil. à soupe d'huile d'olive

200 g de raisins secs - 100 g de pignons

1 bouquet de coriandre ciselée

2 cuil. à soupe de miel

1 cuil. à café de cannelle moulue

2 doses de safran - sel - poivre

Dans un plat à tajine, faites revenir les oignons à feu doux dans l'huile d'olive. Ajoutez 1 verre d'eau, couvrez et comptez 10 minutes de cuisson.

Ajoutez alors la viande coupée en cubes, les raisins, la cannelle, le safran et le miel. Salez et poivrez. Versez de l'eau à hauteur des ingrédients, couvrez et prolongez la cuisson 1 heure 10 à feu doux.

Par ailleurs, faites griller, à sec et pendant 1 à 2 minutes, les pignons dans une poêle à revêtement antiadhésif posée sur feu vif.

Ajoutez les pignons et parsemez de coriandre ciselée avant de déguster.

Tajine d'agneau aux fèves

coût moyen • assez facile à réaliser • préparation : 20 min • cuisson : 1 h 15 • pour 6 personnes

1 planche à découper et un couteau de cuisine

1 paire de ciseaux de cuisine

1 plat à tajine (ou cocotte, sauteuse, etc.)

1,2 kg de gigot d'agneau coupé en cubes

2 cuil. à soupe d'huile d'olive

4 oignons

1 gousse d'ail

600 g de fèves écossées

1/2 bouquet de coriandre

1 citron confit au sel (en vente dans les épiceries orientales)

1/2 bâton de cannelle

1 cuil. à café de ras el hanout

1 cuil. à café de cumin

1 feuille de laurier

sel

1 Pelez les oignons et émincez-les finement. Coupez le citron confit en quartiers. Pelez la gousse d'ail et hachez-la. Lavez la coriandre et ciselez-la.

2 Posez le plat de cuisson sur feu doux et versez-y l'huile d'olive. Faites-y revenir les oignons et la gousse d'ail hachée pendant 5 minutes.

3 Ajoutez alors les morceaux de viande. Parsemez-les d'épices (cannelle, cumin et ras el hanout), puis ajoutez les fèves et les quartiers de citron confit. Versez de l'eau à hauteur des ingrédients, ajoutez la feuille de laurier et la moitié de la coriandre. Salez et couvrez. Comptez 1 heure 10 de cuisson à feu doux.

4 Dégustez avec le reste de la coriandre ciselée.

variante

À défaut de citron confit au sel, utilisez un citron frais.

truc de cuisinier

Hors-saison, n'hésitez pas à utiliser des herbes surgelées.

Tajine de boulettes d'agneau aux dattes

coût moyen • assez facile à réaliser • préparation : 25 min • cuisson : 1 h 20 • pour 6 personnes

1 planche à découper et un couteau de cuisine

1 saladier

1 paire de ciseaux de cuisine

1 plat à tajine (ou cocotte, sauteuse, etc.)

Pour les boulettes :

1,2 kg de viande d'agneau hachée

2 oignons

1 bouquet de coriandre

1 cuil. à café de cumin

1 cuil. à café de gingembre moulu

sel - poivre

4 oignons - 12 dattes

3 cuil. à soupe d'huile d'olive

1 bouquet de coriandre

2 cuil. à soupe de miel

1 bâton de cannelle

sel - poivre

1 Préparez les boulettes : pelez les oignons et hachez-le. Lavez la coriandre et hachez-la. Dans un saladier, rassemblez la viande, l'oignon, la coriandre, le gingembre et le cumin. Salez et poivrez. Mélangez bien et façonnez des boulettes de la taille d'une balle de golf, avec vos doigts.

2 Préparez le tajine : pelez les oignons et émincez-les. Lavez la coriandre, essorez-la dans un linge propre et ciselez-la.

3 Dans un plat à tajine (ou une sauteuse), faites chauffer l'huile d'olive et faites-y dorer les boulettes de viande de tous côtés, pendant 5 minutes. Retirez-les, puis remplacez-les par les oignons émincés. Faites-les revenir à feu doux pendant 5 minutes. Dans le plat, remettez les boulettes, puis ajoutez les dattes, la moitié de la coriandre, le bâton de cannelle et le miel.

4 Versez de l'eau à hauteur des ingrédients, salez, poivrez, puis couvrez à nouveau et prolongez la cuisson 1 heure 10, à feu doux.
Dégustez après avoir parsemé du reste de coriandre ciselée.

variante

Vous pouvez remplacer la coriandre par du persil plat. Vous pouvez ajouter des amandes effilées.

truc de cuisinier

Si la préparation pour les boulettes vous paraît trop liquide, ajoutez-y un peu de chapelure, de biscottes écrasées ou de pain sec finement mixé.

Tajine d'agneau aux pois chiches

coût moyen • facile à réaliser • préparation : 15 min • cuisson : 1 h 15 • trempage : 1 nuit • pour 6 personnes

1 bassine ou 1 saladier

1 planche à découper et un couteau de cuisine

1 paire de ciseaux de cuisine

1 plat à tajine (ou cocotte, sauteuse, etc.)

1,2 kg de gigot d'agneau coupé en cubes

3 cuil. à soupe d'huile d'olive

3 oignons

500 g de pois chiches

1/2 bouquet de persil plat

1/2 bouquet de coriandre

1 cuil. à café de ras el hanout

1 cuil. à café de cumin

1 pincée de piment moulu

sel

1 La veille : faites tremper les pois chiches dans une bassine d'eau.

2 Le jour même, égouttez les pois chiches. Pelez les oignons et émincez-les. Lavez les herbes et ciselez-les.

3 Dans un plat à tajine ou une sauteuse posée sur feu moyen, faites chauffer l'huile d'olive et faites-y revenir les oignons pendant 5 minutes environ. Ajoutez alors les morceaux de viande, les pois chiches, les épices et la moitié des herbes. Salez, versez de l'eau à hauteur des ingrédients. Couvrez et faites cuire 1 heure 10 à feu doux.

4 Juste avant de servir, parsemez du reste des herbes ciselées.

variante

En cours de cuisson, n'hésitez pas à ajouter une cuillère à soupe de miel.

truc de cuisinier

Gagnez du temps en utilisant des pois chiches en conserve, prêts à être dégustés. Ajoutez-les en fin de cuisson.

Tajine d'agneau aux coings

coût moyen • assez facile à réaliser • préparation : 20 min • cuisson : 1 h 20 • pour 6 personnes

1 planche à découper
1 plat à tajine - 1 poêle

1,2 kg d'épaule d'agneau

3 oignons émincés - 2 doses de safran

3 cuil. à soupe d'huile d'olive

4 coings - 100 g d'amandes effilées

3 cuil. à soupe de graines de sésame

2 brins de menthe fraîche

2 cuil. à soupe de miel

1 cuil. à café de cannelle moulue - sel - poivre

Dans le plat de cuisson posé sur feu moyen, faites revenir les oignons dans l'huile. Ajoutez 10 cl d'eau, le miel, couvrez et comptez 10 minutes de cuisson.

Ajoutez la viande coupée en cubes, les coings pelés, épépinés et coupés en cubes, la cannelle et le safran. Salez et poivrez. Versez de l'eau à hauteur des ingrédients, couvrez et prolongez la cuisson 1 heure 10 à feu doux.

Faites griller à sec, pendant 1 à 2 minutes, les amandes et les graines de sésame dans une poêle à revêtement antiadhésif posée sur feu vif.

Ajoutez les amandes grillées, les graines de sésame et parsemez de menthe ciselée avant de déguster.

Tajine d'agneau aux fonds d'artichauts

coût moyen • assez facile à réaliser • préparation : 25 min • cuisson : 1 h 15 • pour 6 personnes

1 planche à découper
1 plat à tajine

1,2 kg de gigot d'agneau coupée en cubes

3 cuil. à soupe d'huile d'olive

3 oignons - sel

12 fonds d'artichauts

1/2 bouquet de persil plat

1/2 bouquet de coriandre

1 cuil. à café de ras el hanout

1 cuil. à café de cumin

1 pincée de piment moulu

Pelez les oignons et émincez-les. Coupez les fonds d'artichauts en 4. Lavez les herbes et ciselez-les.

Dans un plat à tajine ou une sauteuse posée sur feu moyen, faites chauffer l'huile d'olive et faites-y revenir les oignons pendant 5 minutes environ.

Ajoutez alors la viande, les fonds d'artichauts, les épices et la moitié des herbes. Salez, versez de l'eau à hauteur des ingrédients. Couvrez et faites cuire 1 heure 10 à feu doux.

Juste avant de servir, parsemez du reste des herbes ciselées.

Tajine de mouton à la compotée d'oignons et aux pommes de terre

coût moyen • assez facile à réaliser • préparation : 20 min • cuisson : 1 h 30 • pour 6 personnes

1 planche à découper et un couteau de cuisine

1 paire de ciseaux de cuisine

1 plat à tajine (ou cocotte, sauteuse, etc.)

1 poêle

1,2 kg de viande de mouton coupée en cubes

6 oignons

4 cuil. à soupe d'huile d'olive

600 g de pommes de terre

100 g d'amandes entières (mondées ou non)

1/2 bouquet de coriandre

2 cuil. à soupe de cassonade

1 cuil. à café de cannelle moulue

2 doses de safran

sel - poivre

1 Pelez les oignons et émincez-les. Lavez la coriandre, essorez-la dans un linge propre et ciselez-la. Pelez les pommes de terre et coupez-les en cubes.

2 Dans votre plat de cuisson, faites chauffer l'huile d'olive et faites-y revenir les oignons émincés à feu doux. Ajoutez la cassonade, 10 cl d'eau, couvrez et comptez 20 minutes de cuisson.

3 Dans le plat, déposez alors les morceaux de viande, la cannelle et le safran. Salez et poivrez. Ajoutez de l'eau à hauteur des ingrédients, couvrez à nouveau et prolongez la cuisson 1 heure 10 encore, toujours à feu doux. Ajoutez, 25 minutes avant la fin de la cuisson, les pommes de terre et un peu d'eau si nécessaire.

4 Par ailleurs, faites griller, à sec (c'est-à-dire sans matière grasse) et pendant 3 minutes, les amandes dans une poêle à revêtement antiadhésif posée sur feu vif. Présentez directement dans le plat à tajine (ou à défaut, dans un plat de service). Ajoutez les amandes grillées et parsemez de coriandre ciselée avant de déguster.

variante

Dans cette recette, vous pouvez remplacer les pommes de terre par des carottes.

truc de cuisinier

Hors saison, vous pouvez utiliser des herbes surgelées.

Tajine de poulet à la cassonade, aux amandes et aux pruneaux

bon marché • assez facile à réaliser • préparation : 20 min • cuisson : 1 h • pour 6 personnes

1 planche à découper et un couteau de cuisine

1 paire de ciseaux de cuisine

1 plat à tajine (ou cocotte, sauteuse, etc.)

1 poêle

1 poulet

4 oignons

3 cuil. à soupe d'huile d'olive

6 pruneaux

100 g d'amandes entières (mondées ou non)

2 brins de menthe fraîche

2 cuil. à soupe de cassonade

1 cuil. à café de cannelle moulue

2 doses de safran

sel - poivre

1. Coupez le poulet en morceaux ou demandez à votre volailler de le faire pour vous. Pelez les oignons et émincez-les. Lavez la menthe, essorez-la dans un linge propre et ciselez-la.

2. Dans un plat à tajine (ou une sauteuse), faites chauffer l'huile d'olive et faites-y revenir les oignons émincés à feu doux. Ajoutez 10 cl d'eau, couvrez et comptez 20 minutes de cuisson. Dans le plat, déposez alors les morceaux de poulet, les pruneaux, la cannelle, le safran et la cassonade. Salez et poivrez. Ajoutez 20 cl d'eau, couvrez à nouveau et prolongez la cuisson 40 minutes encore, toujours à feu doux.

3. Par ailleurs, faites griller, à sec (c'est-à-dire sans matière grasse) et pendant 3 minutes, les amandes dans une poêle à revêtement antiadhésif posée sur feu vif.

4. Présentez directement dans le plat à tajine (ou à défaut, dans un plat de service). Ajoutez les amandes grillées et parsemez de menthe ciselée avant de déguster.

variante

Vous pouvez ajouter à cette recette des abricots secs.

truc de cuisinier

Si vos pruneaux vous semblent un peu trop secs (certains sont plus moelleux que d'autres), déposez-les au fond d'un bol et recouvrez-les de thé à la menthe tiède, afin qu'ils se réhydratent.

Tajine de poulet au citron confit, aux courgettes et aux pommes de terre

bon marché • assez facile à réaliser • préparation : 25 min • cuisson : 45 min • pour 6 personnes

1 planche à découper et un couteau de cuisine

1 paire de ciseaux de cuisine

1 couteau économe

1 plat à tajine (ou cocotte, sauteuse, etc.)

1 poulet

1 citron confit au sel (en vente dans les épiceries orientales)

4 courgettes

4 pommes de terre

1 douzaine d'olives vertes

5 oignons

6 brins de coriandre

3 brins de persil plat

1 gousse d'ail

3 cuil. à soupe d'huile d'olive

2 cuil. à soupe de cumin

sel - poivre

1 Au moment de l'achat, vous aurez pris soin de demander à votre volailler de couper pour vous le poulet en morceaux. Si ce n'est pas le cas : déposez-le sur une planche à découper et, muni d'un grand couteau bien aiguisé, procédez vous-même à cette opération.

2 Pelez les oignons et émincez-les finement. Pelez la gousse d'ail. Lavez les courgettes, retirez les extrémités des courgettes et coupez-les en dés. Épluchez les pommes de terre et coupez-les en cubes. Lavez les herbes et ciselez-les.

3 Posez le plat à tajine sur feu doux et faites-y chauffer l'huile d'olive. Faites ensuite revenir les oignons et la gousse d'ail pendant 5 minutes. Retirez alors la gousse d'ail, puis ajoutez les morceaux de poulet, faites-les dorer en les saupoudrant de cumin de chaque côté. Ajoutez alors le citron confit coupé en quartiers, les olives, les dés de courgettes et les cubes de pommes de terre. Versez 20 cl d'eau, salez, poivrez, couvrez et faites cuire 40 minutes à feu doux.

4 Parsemez d'herbes ciselées avant de servir.

variante

Vous pouvez remplacer le citron confit par un citron frais, coupé en fines rondelles.

truc de cuisinier

Si vous n'aimez pas les morceaux de poulet avec des os, n'utilisez que des blancs, mais munis de leur peau, c'est important pour le goût final.

Tajine de poulet aux figues, aux dattes et au miel

bon marché • assez facile à réaliser • préparation : 20 min • cuisson : 1 h • pour 6 personnes

1 planche à découper et un couteau de cuisine

1 paire de ciseaux de cuisine

1 plat à tajine (ou cocotte, sauteuse, etc.)

6 cuisses de poulet

4 oignons

3 cuil. à soupe d'huile d'olive

6 figues fraîches

12 dattes

6 brins de coriandre

2 cuil. à soupe de miel

1 bâton de cannelle

sel

poivre

1 Coupez les cuisses de poulet en 2 morceaux. Pelez les oignons et émincez-les. Lavez la coriandre, essorez-la dans un linge propre et ciselez-la. Coupez les figues en 2.

2 Dans un plat à tajine (ou une sauteuse), faites chauffer l'huile d'olive et faites-y revenir les oignons émincés à feu doux. Ajoutez 10 cl d'eau, couvrez et comptez 20 minutes de cuisson.

3 Dans le plat, déposez alors les cuisses de poulet, les figues, les dattes, le bâton de cannelle et le miel. Ajoutez 20 cl d'eau, un peu de sel et de poivre, puis couvrez à nouveau et prolongez la cuisson 40 minutes encore, toujours à feu doux.

4 Dégustez après avoir parsemé de coriandre ciselée.

variante

Cette recette fonctionne aussi délicieusement avec de la menthe ou du basilic ciselé en lieu et place de la coriandre.

truc de cuisinier

Pour couper en deux les cuisses de poulet, faites-les fonctionner à la main jusqu'à « casser » la jonction entre les os, puis utilisez votre couteau pour les séparer proprement.

Tajine de poulet aux petits pois et aux pois gourmands

bon marché • facile à réaliser • préparation : 25 min • cuisson : 1 h 10 • pour 6 personnes

1 planche à découper

1 plat à tajine - 1 poêle - 1 plat creux

1 poulet - 1 cuil. à café de safran - sel - poivre

100 g de beurre - 1 gousse d'ail

3 oignons - 1 cuil. à soupe d'huile

8 brins de coriandre

600 g de petits pois frais écossés

400 g de pois gourmands

150 g d'amandes entières

Dans un plat à tajine ou une cocotte, faites fondre le beurre. Faites-y revenir les oignons pelés et émincés pendant 3 minutes, puis ajoutez le poulet coupé en morceaux et la gousse d'ail écrasée. Saupoudrez de safran, puis couvrez d'eau. Couvrez et faites mijoter 45 minutes environ. Ajoutez alors les petits pois et les pois gourmands et prolongez la cuisson 25 minutes, en ajoutant un peu d'eau si nécessaire.

Pendant ce temps, faites revenir les amandes dans l'huile chaude pendant 2 à 3 minutes.

Présentez dans un plat creux, parsemez de coriandre ciselée et décorez d'amandes.

Tajine de poulet aux patates douces

bon marché • facile à réaliser • préparation : 25 min • cuisson : 1 h 15 • pour 6 personnes

1 planche à découper et un couteau de cuisine

1 couteau économe

1 plat à tajine

1 poêle

1 poulet coupé en morceaux

2 oignons - 4 carottes

30 g de beurre

3 cuil. à soupe d'huile d'olive

2 grosses patates douces

1 cuil. à soupe de cumin

3 cuil. à soupe de coriandre ciselée - sel - poivre

150 g d'amandes entières

Pelez les oignons et émincez-les. Épluchez les patates douces et les carottes et coupez-les en cubes.
Dans un plat à tajine ou une sauteuse posée sur feu doux, faites fondre le beurre avec l'huile d'olive. Faites-y revenir les oignons, puis les morceaux de poulet pendant 5 minutes. Saupoudrez de cumin, puis versez de l'eau à hauteur. Salez, poivrez, couvrez et faites mijoter 45 minutes environ.

Ajoutez alors les carottes et les patates douces et prolongez la cuisson 25 minutes encore, en ajoutant un peu d'eau si nécessaire.

Faites alors griller les amandes à sec (c'est-à-dire sans matière grasse) dans une poêle à revêtement antiadhésif.

À l'issue de la cuisson, ajoutez les amandes entières et la coriandre. Dégustez bien chaud avec de la semoule, du riz ou des pâtes fraîches.

Tajine de poulet aux tomates séchées et au basilic

bon marché • facile à réaliser • préparation : 25 min • cuisson : 50 min • pour 6 personnes

1 planche à découper et un couteau de cuisine

1 paire de ciseaux de cuisine

1 plat à tajine (ou cocotte, sauteuse, etc.)

1 poulet coupé en morceaux

4 gros oignons

1 gousse d'ail

6 tomates séchées

4 courgettes

3 cuil. à soupe d'huile d'olive

1 bouquet de basilic

1 cuil. à café de paprika

1 branche de romarin frais

1 branche de thym frais

1 feuille de laurier

sel

poivre

1 Si vous n'avez pas fait découper votre poulet par le volailler, procédez vous-même à l'opération en utilisant un gros couteau bien aiguisé et une planche en bois.

2 Par ailleurs, épluchez les oignons et émincez-les. Pelez la gousse d'ail. Égouttez les tomates séchées et coupez-les en dés. Lavez les courgettes, retirez les extrémités et coupez-les en fines rondelles. Lavez le basilic et ciselez-le.

3 Dans un plat à tajine posé sur feu doux, versez l'huile d'olive et faites-y revenir les oignons émincés et la gousse d'ail entière pendant 10 minutes. Retirez la gousse d'ail, puis ajoutez dans le plat de cuisson : les morceaux de poulet, les tomates séchées, les courgettes, le paprika, les branches de thym et de romarin, la feuille de laurier et la moitié du basilic. Versez 20 cl d'eau. Salez, poivrez et couvrez. Comptez alors 40 minutes de cuisson.

4 Parsemez du reste du basilic, juste avant de servir.

variante

Si vous aimez, n'hésitez pas à ajoutez des lanières de poivrons confits à cette délicieuse recette.

truc de cuisinier

Si vous n'avez pas de tomates séchées, utilisez des tomates fraîches, coupez-les en quartiers et déposez-les sur la plaque du four, recouverte de papier sulfurisé. Badigeonnez-les d'huile d'olive et glissez-les dans un four doux (70 °C.) pour 2 heures environ en surveillant la cuisson régulièrement.

Tajine de poulet aux abricots secs et aux graines de sésame

bon marché • assez facile à réaliser • préparation : 25 min • cuisson : 1 h • pour 6 personnes

1 planche à découper et un couteau de cuisine
1 paire de ciseaux de cuisine
1 bol
1 plat à tajine (ou cocotte, sauteuse, etc.)
1 poêle

6 cuisses de poulet
3 gros oignons
4 cuil. à soupe d'huile d'olive
12 abricots secs
4 cuil. à soupe de graines de sésame
6 brins de coriandre
2 cuil. à soupe de miel
1 bâton de cannelle
2 cm de gingembre frais
1 branche de thym frais
sel
poivre

1 Coupez les cuisses de poulet en 2 morceaux. Pelez les oignons et émincez-les. Lavez la coriandre, essorez-la dans un linge propre et ciselez-la.

2 Dans votre plat de cuisson, faites chauffer l'huile d'olive et faites-y revenir les oignons émincés à feu doux. Ajoutez 10 cl d'eau, couvrez et comptez 20 minutes de cuisson.

3 Dans le plat, déposez alors les cuisses de poulet, les abricots, la branche de thym, le bâton de cannelle, le gingembre râpé et le miel. Salez et poivrez. Ajoutez 20 cl d'eau, puis couvrez à nouveau et prolongez la cuisson 40 minutes encore, toujours à feu doux.

4 Faites alors griller les graines de sésame dans une poêle à revêtement antiadhésif posée sur feu doux. Comptez 1 ou 2 minutes de cuisson. Dégustez après avoir parsemé de graines de sésame et de coriandre ciselée.

variante

Vous pouvez remplacer le bâton de cannelle et le morceau de gingembre par de la cannelle ou du gingembre en poudre.

truc de cuisinier

Si nécessaire (s'ils sont trop secs), placez les abricots dans un bol et réhydratez-les en les couvrant d'eau tiède.

Tajine de canard confit aux haricots tarbais

bon marché • facile à réaliser • préparation : 20 min • cuisson : 40 min • trempage : 1 nuit • pour 6 personnes

1 récipient (bassine, saladier...) pour faire tremper les haricots

1 planche à découper et un couteau de cuisine

1 paire de ciseaux de cuisine

1 plat à tajine (ou cocotte, sauteuse, etc.)

6 cuisses de canard confit

4 oignons

1 gousse d'ail

400 g de haricots blancs

1/2 bouquet de persil plat

1 citron confit

1/2 bâton de cannelle

1 cuil. à café de ras el hanout

1 cuil. à café de cumin

1 feuille de laurier

sel

1 La veille, rassemblez les haricots dans un récipient. Recouvrez-les d'eau et laissez-les tremper toute la nuit.

2 Le jour même, égouttez les haricots. Pelez les oignons et émincez-les finement. Coupez le citron confit en quartiers. Pelez la gousse d'ail et hachez-la. Lavez le persil et ciselez-le.

3 Posez le plat de cuisson sur feu doux et déposez-y les cuisses de canard confites. Saupoudrez-les de cumin et de ras el hanout. En chauffant, les cuisses vont « dégager » de la graisse. Quand elles sont bien chaudes, retirez-les et remplacez-les par les oignons émincés et la gousse d'ail hachée. Faites-les revenir à feu doux, puis ajoutez les haricots, les quartiers de citron confit, la feuille de laurier, la cannelle et versez de l'eau à hauteur des ingrédients. Salez et couvrez.

4 Comptez 30 minutes de cuisson à feu moyen. Remettez alors les cuisses de canard, ajoutez un peu d'eau si nécessaire et prolongez la cuisson 10 minutes encore, à feu doux. Dégustez avec du persil plat ciselé.

variante

Vous pouvez remplacer les haricots tarbais par des fèves.

truc de cuisinier

Si vous n'avez pas de bâton de cannelle, utilisez de la cannelle en poudre.

Tajine de poulet aux topinambours

bon marché • facile à réaliser • préparation : 25 min • cuisson : 45 min • pour 6 personnes

1 planche à découper et un couteau de cuisine

1 couteau économe

1 plat à tajine

6 cuisses de poulet

3 cuil. à soupe d'huile d'olive

3 oignons - sel

600 g de topinambours

1/2 bouquet de persil plat

1/2 bouquet de coriandre

1 cuil. à café de ras el hanout

1 cuil. à café de cumin

1 pincée de piment moulu

Pelez les oignons et émincez-les. Épluchez les topinambours. Coupez les cuisses de poulet en 2. Lavez les herbes et ciselez-les.

Dans un plat à tajine ou une sauteuse posée sur feu moyen, faites chauffer l'huile d'olive et faites-y revenir les oignons pendant 5 minutes environ.

Ajoutez alors les morceaux de poulet, les topinambours, les épices et la moitié des herbes. Salez, versez de l'eau à hauteur des ingrédients. Couvrez et faites cuire 40 minutes à feu doux.

Juste avant de servir, parsemez du reste des herbes ciselées.

Tajine de lapin aux pruneaux

bon marché • facile à réaliser • préparation : 25 min • cuisson : 1 h 05 • pour 6 personnes

1 planche à découper

1 plat à tajine

1 poêle

1 lapin découpé en morceaux par le volailler

3 cuil. à soupe d'huile d'olive

4 oignons - 18 pruneaux

100 g d'amandes effilées

3 cuil. à soupe de graines de sésame - 1 bâton de cannelle

1 bouquet de coriandre

2 doses de safran - sel

1 cuil. à soupe de miel

Pelez les oignons et émincez-les. Lavez la coriandre et ciselez-la. Faites gonfler les pruneaux dans un bol d'eau tiède.

Dans un plat à tajine ou une sauteuse posée sur feu moyen, faites chauffer l'huile d'olive et faites-y revenir les oignons pendant 5 minutes environ.

Ajoutez alors les morceaux de lapin, le miel, les pruneaux, les épices et la moitié de la coriandre. Salez, versez de l'eau à hauteur des ingrédients. Couvrez et faites cuire 1 heure à feu doux.

Juste avant de servir, faites poêler à sec les amandes et les graines de sésame, pendant 1 ou 2 minutes, sur feu vif. Ajoutez-les au tajine et parsemez du reste de la coriandre ciselée, avant de déguster.

Tajine de canard confit à l'orange

bon marché • facile à réaliser • préparation : 20 min • cuisson : 40 min • pour 6 personnes

1 couteau économe

1 presse agrume

1 planche à découper et un couteau de cuisine

1 paire de ciseaux de cuisine

1 plat à tajine (ou cocotte, sauteuse, etc.)

6 cuisses de canard confit

3 oignons

6 carottes nouvelles

1 douzaine d'olives vertes

3 oranges non traitées

30 g de sucre

1/2 bâton de cannelle

1 cuil. à café de ras el hanout

1 cuil. à café de cumin

3 cuil. à coupe d'huile d'olive

3 cuil. à soupe de coriandre ciselée

sel

1. Épluchez les carottes et émincez-les. Pressez le jus d'une orange. Pelez les oignons et émincez-les. Faites chauffer l'huile d'olive dans votre tajine (ou une cocotte) et faites-y revenir les oignons à feu doux pendant 5 minutes en remuant régulièrement pour éviter la coloration.

2. Ajoutez-y les cuisses de canard et faites-les revenir doucement elles aussi. Au bout de 5 minutes, ajoutez les épices, les carottes et les olives. Recouvrez d'eau à hauteur, couvrez, salez et faites mijoter 20 minutes à feu moyen.

3. Pelez les oranges à vif (c'est-à-dire sans la petite peau blanche) afin de prélever les quartiers. Dans une poêle à revêtement antiadhésif, faites fondre le sucre et ajoutez-y les quartiers d'orange. Faites-les caraméliser pendant 5 à 10 minutes environ.

4. À la fin de la cuisson, ajoutez la coriandre puis les quartiers d'orange et leur jus dans le plat. Dégustez bien chaud.

variante

Vous pouvez remplacer les oranges par des clémentines (pour 3 oranges, comptez 5 clémentines).

truc de cuisinier

Les cuisses de canard confites étant déjà cuites, le temps de cuisson est ici un peu plus court.

Tajine de saumon aux carottes et aux graines de cumin

coût moyen • facile à réaliser • préparation : 25 min • cuisson : 30 min • pour 6 personnes

1 planche à découper et un couteau de cuisine

1 paire de ciseaux de cuisine

1 couteau économe

1 plat à tajine (ou cocotte, sauteuse, etc.)

1 poêle

6 pavés de saumon de 200 g environ

6 oignons

4 cuil. à soupe d'huile d'olive

600 g de carottes

100 g d'amandes effilées

1 bouquet de coriandre

2 cuil. à soupe de miel

1 cuil. à café de cumin en poudre

1 cuil. à café de graines de cumin

1 cuil. à café de paprika

sel - poivre

1 Pelez les oignons et émincez-les. Lavez la coriandre, essorez-la dans un linge propre et ciselez-la. Épluchez les carottes et coupez-les en rondelles.

2 Dans votre plat de cuisson, faites chauffer l'huile d'olive et faites-y revenir les oignons émincés à feu doux. Ajoutez le miel, 10 cl d'eau, couvrez et comptez 20 minutes de cuisson. Dans le plat, déposez alors les morceaux de poisson, les rondelles de carottes et les épices. Salez et poivrez. Ajoutez de l'eau à hauteur des ingrédients, couvrez à nouveau et prolongez la cuisson 20 minutes environ.

3 Par ailleurs, faites griller, à sec (c'est-à-dire sans matière grasse) et pendant 1 à 2 minutes, les amandes dans une poêle à revêtement antiadhésif posée sur feu vif.

4 Présentez directement dans le plat à tajine (ou à défaut, dans un plat de service). Ajoutez les amandes grillées et parsemez de coriandre ciselée avant de déguster.

variante

N'hésitez pas à remplacer les carottes par des patates douces coupées en morceaux.

truc de cuisinier

Pour croûter le poisson, faites d'abord revenir les pavés dans l'huile chaude, posé côté peau, pendant 3 à 5 minutes.

Tajine de sardines au basilic

coût moyen • assez facile à réaliser • préparation : 25 min • cuisson : 30 min • pour 6 personnes

1 planche à découper
1 plat à tajine

1,2 kg de filets de sardines fraîches
4 oignons - 1 gousse d'ail
6 tomates pelées et concassées - 6 courgettes
4 cuil. à soupe d'huile d'olive
1 bouquet de basilic - sel
2 branches de thym et 2 de romarin
1 cuil. à soupe d'origan
1 cuil. à café de cumin, 1 cuil. de paprika

Pelez les oignons et émincez-les finement. Lavez les courgettes, essuyez-les, retirez les extrémités et coupez-les en rondelles de 3 à 5 mm d'épaisseur. Lavez le basilic et ciselez-le. Pelez l'ail et hachez-le.

Faites chauffer l'huile d'olive dans le plat à tajine et faites-y revenir l'ail et les oignons pendant 5 minutes à feu moyen.

Ajoutez alors les tomates, les courgettes, la moitié du basilic, les filets de poisson, le thym, le romarin, l'origan et les épices. Versez de l'eau à hauteur des ingrédients. Salez, couvrez et laissez mijoter la préparation 20 minutes à feu doux.

Parsemez du reste de basilic ciselé avant de servir.

Tajine de loup à l'huile d'olive vanillée

coût moyen • assez facile à réaliser • préparation : 20 min • cuisson : 35 min • pour 6 personnes

1 planche à découper et un couteau de cuisine
1 couteau économe
1 paire de ciseaux de cuisine
1 plat à tajine

1,2 kg de loup (bar) en filets
6 cuil. à soupe d'huile d'olive
1 gousse de vanille
6 oignons - sel - poivre
600 g de pommes de terre
1 cuil. à café de cumin
1 bouquet de coriandre

Pelez les oignons et émincez-les finement. Épluchez les pommes de terre et coupez-les en cubes. Lavez la coriandre et ciselez-la.

Versez l'huile d'olive dans le fond du plat à tajine. Ouvrez la gousse de vanille en 2 et grattez les grains, au-dessus du plat. Laissez la gousse dans le plat. Ajoutez les oignons et laissez-les revenir à feu doux pendant 5 minutes. Déposez alors les pommes de terre et saupoudrez de cumin. Mélangez bien, puis versez de l'eau à hauteur. Salez, poivrez et couvrez. Comptez 10 minutes de cuisson.

Ajoutez les morceaux de poisson, la moitié de la coriandre et encore un peu d'eau si nécessaire. Poursuivez la cuisson à couvert pendant 15 à 20 minutes encore.

Dégustez avec le reste de coriandre ciselée.

Tajine de dorade à la coriandre et au citron vert

coût moyen • facile à réaliser • préparation : 20 min • cuisson : 40 min • pour 6 personnes

1 planche à découper et un couteau de cuisine

1 paire de ciseaux de cuisine

1 presse agrume

1 plat à tajine (ou cocotte, sauteuse, etc.)

1,2 kg de filets de dorade

3 cuil. à soupe d'huile d'olive

1 gousse d'ail

2 citrons verts

6 oignons

3 courgettes

2 aubergines

1 gros bouquet de coriandre

1 cuil. à soupe de cumin

1 cuil. à soupe de ras el hanout

1 cuil. à soupe de gingembre moulu

1 cuil. à soupe de paprika

sel

1 Pelez les oignons et émincez-les. Pelez la gousse d'ail et hachez-la. Lavez les courgettes et les aubergines, retirez les extrémités et coupez-les en cubes. Lavez la coriandre et ciselez-la. Pressez le jus des 2 citrons verts, puis coupez-les en quartiers.

2 Faites chauffer l'huile d'olive dans un plat à tajine et faites-y revenir les oignons avec la gousse d'ail pendant 10 minutes à feu doux. Ajoutez alors les courgettes, les aubergines, les filets de poisson, la moitié de la coriandre et les épices.

3 Arrosez du jus des citrons verts, glissez dans le plat les quartiers des citrons verts et versez de l'eau à hauteur des ingrédients. Salez et prolongez la cuisson 30 minutes à feu doux et à couvert.

4 Servez avec le reste de coriandre ciselée.

variante

Vous pouvez remplacer le bouquet de coriandre par un bouquet de basilic et les citrons verts par des citrons jaunes.

truc de cuisinier

Pour gagner du temps, demandez à votre poissonnier de lever pour vous les filets de dorade.

Tajine de poissons aux tomates et aux courgettes

coût moyen • assez facile à réaliser • préparation : 20 min • cuisson : 40 min • pour 6 personnes

1 casserole

1 planche à découper et un couteau de cuisine

1 paire de ciseaux de cuisine

1 plat à tajine (ou cocotte, sauteuse, etc.)

1,2 kg de poissons variés (de Méditerranée) en filets

3 oignons - 1 gousse d'ail

6 tomates - 4 courgettes

2 poivrons rouges

4 cuil. à soupe d'huile d'olive

1 bouquet de basilic

2 branches de romarin

1 feuille de laurier

1/2 cuil. à café de harissa

1 cuil. à café de cumin

1 cuil. à café de ras el hanout

1 cuil. à café de paprika

sel

1 Portez une casserole d'eau à ébullition et plongez-y les tomates 1 minute. Égouttez-les, passez-les sous l'eau froide et pelez-les. Coupez-les en quartiers. Pelez les oignons et émincez-les finement. Lavez les courgettes, essuyez-les, retirez les extrémités et coupez-les en rondelles de 3 à 5 mm d'épaisseur. Lavez le basilic et ciselez-le. Pelez l'ail et hachez-le.

2 Passez-les poivrons quelques minutes sous le gril du four. Retournez-les pour que la peau noircisse uniformément. Pelez-les et coupez-les en lanières.

3 Faites chauffer l'huile d'olive dans le plat de cuisson et faites-y revenir l'ail et les oignons pendant 5 minutes à feu moyen. Ajoutez alors les tomates, les courgettes, les poivrons, la moitié du basilic, les filets de poisson, le romarin, le laurier, le ras el hanout et les épices. Versez de l'eau à hauteur des ingrédients. Salez, couvrez et laissez mijoter la préparation 20 minutes à feu doux.

4 Parsemez du reste de basilic ciselé avant de servir.

variante

Vous pouvez remplacer le romarin par du thym.

truc de cuisinier

Hors saison, n'hésitez pas à utiliser des herbes surgelées.

Tajine de lotte au fenouil

coût moyen • assez facile à réaliser • préparation : 25 min • cuisson : 30 min • pour 6 personnes

1 casserole

1 paire de ciseaux de cuisine

1 plat à tajine (ou cocotte, sauteuse, etc.)

1,2 kg de lotte en filets

2 oignons

3 tomates

1 douzaine de grosses olives violacées

4 bulbes de fenouil

1 citron confit au sel

le jus de 2 citrons

3 cuil. à soupe d'huile d'olive

1/2 bouquet de persil plat

1 cuil. à café de cumin

1 cuil. à café d'anis étoilé en poudre

1 cuil. à café de gingembre en poudre

sel

1 Portez une casserole d'eau à ébullition et plongez-y les tomates 1 minute. Égouttez-les, passez-les sous l'eau froide et pelez-les. Coupez-les en quartiers.

2 Pelez les oignons et émincez-les finement. Essuyez les bulbes de fenouil dans un linge humide pour les nettoyer. Émincez-les finement. Lavez le persil plat et ciselez-le.

3 Faites chauffer l'huile d'olive dans le plat de cuisson et faites-y revenir les oignons pendant 5 minutes à feu moyen. Ajoutez alors les tomates, les bulbes de fenouil émincés, le citron coupé en 6 morceaux, le jus des citrons, les olives, la moitié du persil ciselé, les filets de poisson et les épices. Versez de l'eau à hauteur des ingrédients. Salez, couvrez et laissez mijoter la préparation 20 minutes à feu doux.

4 Parsemez de persil plat avant de servir.

variante

Vous pouvez remplacer le gingembre en poudre par du gingembre frais, pelé et finement râpé.

truc de cuisinier

Pour renforcer encore le goût anisé de cette recette, vous pouvez ajouter une cuillère à soupe de pastis.

Tajine de poissons à l'aubergine et au thym

coût moyen • facile à réaliser • préparation : 20 min • cuisson : 35 min • pour 6 personnes

1 planche à découper
1 plat à tajine

1,2 kg de filets de poissons de Méditerranée

4 oignons - 1 gousse d'ail

6 tomates pelées et concassées

3 aubergines - sel

4 cuil. à soupe d'huile d'olive

1/2 bouquet de persil plat, 1/2 de coriandre

4 branches de thym

1 feuille de laurier

1 cuil. à café de cumin, 1 de gingembre en poudre

Pelez les oignons et émincez-les finement. Lavez les aubergines, essuyez-les, retirez les extrémités et coupez-les en cubes. Lavez les herbes et ciselez-les. Pelez l'ail et hachez-le.

Faites chauffer l'huile d'olive dans le plat à tajine et faites-y revenir l'ail et les oignons pendant 5 minutes à feu moyen. Ajoutez alors les tomates, les aubergines, le persil, les filets de poisson, le thym, le laurier et les épices.

Versez de l'eau à hauteur des ingrédients. Salez, couvrez et laissez mijoter la préparation 20 minutes à feu doux.

Parsemez de coriandre ciselée avant de servir.

Tajine de poissons à la citronnelle et au lait de coco

coût moyen • facile à réaliser • préparation : 20 min • cuisson : 25 min • pour 6 personnes

1 planche à découper
1 couteau économe
1 plat à tajine

1,2 kg de poissons variés en filets - sel

3 oignons - 1 bouquet de coriandre

3 cuil. à soupe d'huile d'arachide

3 tiges de citronnelle

25 cl de lait de coco

600 g de patates douces

1 cuil. à café de cumin

1 cuil. à café de gingembre en poudre

Pelez les oignons et émincez-les finement. Épluchez les patates douces et coupez-les en cubes. Émincez finement les tiges de citronnelle. Lavez la coriandre et ciselez-la.

Versez l'huile dans un plat à tajine et faites-y revenir les oignons 5 minutes.

Ajoutez les patates douces, la citronnelle, le poisson, les épices et la moitié de la coriandre. Salez et versez le lait de coco. Ajoutez 10 cl d'eau, couvrez et comptez 20 minutes de cuisson.

Dégustez avec le reste de coriandre ciselée.

Tajine de bœuf au citron confit, aux courgettes et aux aubergines

coût moyen • facile à réaliser • préparation : 20 min • cuisson : 1 h 35 • pour 6 personnes

1 planche à découper et un couteau de cuisine

1 paire de ciseaux de cuisine

1 plat à tajine (ou cocotte, sauteuse, etc.)

1,2 kg de viande de bœuf à braiser, découpée en morceaux

1 citron confit au sel (en vente dans les épiceries orientales)

4 courgettes

2 aubergines

1 douzaine d'olives vertes

5 oignons

6 brins de coriandre

3 brins de persil plat

1 gousse d'ail

3 cuil. à soupe d'huile d'olive

2 cuil. à soupe de cumin

sel

poivre

1 Pelez les oignons et émincez-les finement. Pelez la gousse d'ail. Lavez les courgettes, retirez les extrémités et coupez-les en dés. Lavez les aubergines, et coupez-les en cubes. Lavez les herbes et ciselez-les.

2 Posez le plat à tajine sur feu doux et faites-y chauffer l'huile d'olive. Faites-y alors revenir les oignons et la gousse d'ail pendant 5 minutes.

3 Retirez alors la gousse d'ail, puis ajoutez les morceaux de bœuf, faites-les dorer en les saupoudrant de cumin de chaque côté. Ajoutez alors le citron confit coupé en quartiers, les olives, les dés de courgettes et les cubes d'aubergines. Versez de l'eau à hauteur des ingrédients, salez, poivrez, couvrez et faites cuire 1 heure 30 à feu doux.

4 Parsemez d'herbes ciselées avant de servir.

variante

Si vous en avez, remplacez le cumin par du ras el hanout, un mélange de nombreuses épices très parfumées.

truc de cuisinier

Si vous préférez, n'hésitez pas à utiliser des olives vertes dénoyautées.

Tajine de bœuf aux échalotes et aux arachides

coût moyen • assez facile à réaliser • préparation : 15 min • cuisson : 1 h 35 • pour 6 personnes

1 planche à découper et un couteau de cuisine

1 paire de ciseaux de cuisine

1 plat à tajine (ou cocotte, sauteuse, etc.)

1 poêle

1,2 kg de viande de bœuf à braiser, découpée en morceaux

8 échalotes

3 cuil. à soupe d'huile d'arachide

150 g de cacahuètes

1 bouquet de coriandre

2 cuil. à soupe de miel

1 cuil. à café de cannelle moulue

2 doses de safran

sel

poivre

1 Pelez les échalotes et émincez-les. Lavez la coriandre, essorez-la dans un linge propre et ciselez-la.

2 Dans un plat à tajine (ou une sauteuse), faites chauffer l'huile et faites-y revenir les échalotes émincées à feu doux. Dans le plat, déposez alors les morceaux de viande, la moitié des cacahuètes, la moitié de la coriandre, la cannelle, le safran et le miel. Salez et poivrez. Ajoutez de l'eau à hauteur des ingrédients, couvrez à nouveau et prolongez la cuisson 1 heure encore, toujours à feu doux.

3 Par ailleurs, faites griller, à sec et pendant 3 minutes, le reste des cacahuètes dans une poêle posée sur feu vif.

4 Présentez directement dans le plat à tajine (ou à défaut, dans un plat de service). Ajoutez les cacahuètes grillées et parsemez de coriandre ciselée avant de déguster.

variante

Vous pouvez remplacer les échalotes par 1 botte d'oignons frais.

truc de cuisinier

« Griller à sec » signifie qu'il ne faut pas ajouter de matière grasse.

Tajine de bœuf au miel, aux abricots secs et aux amandes

coût moyen • assez facile à réaliser • préparation : 20 min • cuisson : 1 h 05 • pour 6 personnes

1 planche à découper et un couteau de cuisine

1 paire de ciseaux de cuisine

1 plat à tajine (ou cocotte, sauteuse, etc.)

1 poêle

1,2 kg de viande de bœuf à braiser, coupée en morceaux

4 oignons

3 cuil. à soupe d'huile d'olive

12 abricots secs

100 g d'amandes effilées

6 brins de menthe fraîche

2 cuil. à soupe de miel

1 cuil. à café de cannelle moulue

2 doses de safran

sel

poivre

1 Pelez les oignons et émincez-les. Lavez la menthe, essorez-la dans un linge propre et ciselez-la.

2 Dans un plat à tajine (ou une sauteuse), faites chauffer l'huile d'olive et faites-y revenir les oignons émincés à feu doux. Dans le plat, déposez alors les morceaux de viande, les abricots secs, la cannelle, le safran et le miel. Salez et poivrez. Ajoutez de l'eau à hauteur des ingrédients, couvrez à nouveau et prolongez la cuisson 1 heure 30 à feu doux.

3 Par ailleurs, faites griller, à sec (c'est-à-dire sans matière grasse) et pendant 3 minutes, les amandes effilées dans une poêle à revêtement antiadhésif posée sur feu vif.

4 Présentez directement dans le plat à tajine (ou à défaut, dans un plat de service). Ajoutez les amandes grillées et parsemez de menthe ciselée avant de déguster.

variante

N'hésitez pas à remplacer les abricots secs par des pruneaux.

truc de cuisinier

Si vous trouvez que vos abricots secs ne sont pas suffisamment moelleux, faites-les gonfler dans du thé à la menthe tiède.

Tajine de bœuf à la tomate

coût moyen • facile à réaliser • préparation : 25 min • cuisson : 1 h 05 • pour 6 personnes

1 plat à tajine

1,2 kg de viande de bœuf à braiser - 1 gousse d'ail

1 grosse boîte de tomates pelées et concassées

1 bocal de tomates séchées

2 poivrons rouges - sel

4 cuil. à soupe d'huile d'olive

1 bouquet de basilic

2 branches de romarin

1 feuille de laurier - 4 oignons

1/2 cuil. à café de harissa

1 cuil. à café de cumin, 1 de ras el hanout, 1 de paprika

Faites chauffer l'huile d'olive dans le plat de cuisson et faites-y revenir l'ail hachée et les oignons émincés pendant 5 minutes à feu moyen.

Ajoutez alors les morceaux de viande, les tomates pelées et les tomates séchées, les poivrons coupés en lanières, la moitié du basilic, le romarin, le laurier, le ras el hanout, la harissa et le reste des épices. Versez de l'eau à hauteur des ingrédients.

Salez, couvrez et laissez mijoter la préparation 1 heure à feu doux.

Parsemez du reste de basilic ciselé avant de servir.

Tajine de boulettes de viande aux petits pois et aux pommes de terre nouvelles

bon marché • facile à réaliser • préparation : 25 min • cuisson : 1 h • pour 6 personnes

1 saladier - 1 plat à tajine

3 cuil. à soupe d'huile d'olive

3 oignons - 1 bouquet de coriandre

12 pommes de terre nouvelles

400 g de petits pois écossés

1 cuil. à café de ras el hanout, 1 de cumin - 1 pincée de piment moulu

Pour les boulettes :

1,2 kg de viande de bœuf hachée - 2 oignons hachés

1 bouquet de persil plat haché - sel - poivre

1 cuil. à café de cumin, 1 de gingembre moulu

Préparez les boulettes : dans un saladier, rassemblez tous les ingrédients. Mélangez et façonnez des boulettes.

Préparez le tajine : dans un plat de cuisson, faites chauffer l'huile d'olive et faites-y revenir les oignons pelés et émincés et les boulettes pendant 10 minutes environ. Ajoutez alors les légumes, les épices et la moitié des herbes.

Salez, versez de l'eau à hauteur des ingrédients. Couvrez et faites cuire 50 minutes à feu doux.

Juste avant de servir, parsemez du reste des herbes ciselées.

Tajine de boulettes de bœuf aux fonds d'artichauts

coût moyen • facile à réaliser • préparation : 25 min • cuisson : 1 h • pour 6 personnes

1 planche à découper et un couteau de cuisine

1 plat à tajine

Pour les boulettes :

1,2 kg de viande de bœuf hachée

2 oignons - sel - poivre

1 bouquet de persil plat

1 cuil. à café de cumin

1 cuil. à café de gingembre moulu

3 cuil. à soupe d'huile d'olive

3 oignons

12 fonds d'artichauts

1/2 bouquet de persil plat

1/2 bouquet de coriandre

1 cuil. à café de ras el hanout - sel

1 cuil. à café de cumin

1 pincée de piment moulu

1 Préparez les boulettes : pelez les oignons et hachez-les. Lavez le persil et hachez-le. Dans un saladier, rassemblez la viande, les oignons, le persil, le gingembre et le cumin. Salez et poivrez. Mélangez bien et façonnez des boulettes de la taille d'une balle de golf, avec vos doigts.

2 Préparez le tajine : pelez les oignons et émincez-les. Coupez les fonds d'artichauts en 4. Lavez les herbes et ciselez-les.

3 Dans un plat à tajine ou une sauteuse posée sur feu moyen, faites chauffer l'huile d'olive et faites-y revenir les oignons et les boulettes pendant 10 minutes environ. Ajoutez alors les fonds d'artichauts, les épices et la moitié des herbes. Salez, versez de l'eau à hauteur des ingrédients. Couvrez et faites cuire 50 minutes à feu doux.

4 Juste avant de servir, parsemez du reste des herbes ciselées.

variante

Vous pouvez remplacer les fonds d'artichauts par des topinambours.

truc de cuisinier

Si la préparation pour les boulettes vous semble un peu trop liquide, épaississez-la en intégrant un peu de chapelure, de biscottes écrasées ou de pain sec finement mixée.

Tajine de veau au safran

coût moyen • facile à réaliser • préparation : 20 min • cuisson : 1 h 05 • pour 6 personnes

1 planche à découper et un couteau de cuisine

1 couteau économe

1 paire de ciseaux de cuisine

1 plat à tajine (ou cocotte, sauteuse, etc.)

1 poêle

1,2 kg de viande de veau (jarret) coupée en cubes par le boucher

6 oignons

4 cuil. à soupe d'huile d'olive

600 g de pommes de terre

100 g d'amandes entières

1 bouquet de coriandre

2 cuil. à soupe de cassonade

4 doses de safran

sel

poivre

1 Pelez les oignons et émincez-les. Lavez la coriandre, essorez-la dans un linge propre et ciselez-la. Pelez les pommes de terre et coupez-les en cubes.

2 Dans votre plat de cuisson, faites chauffer l'huile d'olive et faites-y revenir les oignons émincés à feu doux. Ajoutez la cassonade, 10 cl d'eau, couvrez et comptez 20 minutes de cuisson.

3 Dans le plat, déposez alors les morceaux de viande et le safran. Salez et poivrez. Ajoutez de l'eau à hauteur des ingrédients, couvrez à nouveau et prolongez la cuisson 1 heure 10 encore, toujours à feu doux. Ajoutez, 25 minutes avant la fin de la cuisson, les pommes de terre.

4 Par ailleurs, faites griller, à sec (c'est-à-dire sans matière grasse) et pendant 3 minutes, les amandes dans une poêle à revêtement antiadhésif posée sur feu vif. Présentez directement dans le plat à tajine (ou à défaut, dans un plat de service). Ajoutez les amandes grillées et parsemez de coriandre ciselée avant de déguster.

variante

Vous pouvez remplacer les amandes par des noisettes, des noix de cajou ou même des cacahuètes.

truc de cuisinier

Il est indispensable de surveiller la cuisson afin que les ingrédients n'attachent pas. Ayez toujours un verre d'eau à porter de main pour le verser dans le plat au cas où...

Tajine de veau aux amandes

bon marché • assez facile à réaliser • préparation : 15 min • cuisson : 1 h 05 • pour 6 personnes

1 planche à découper - 1 poêle

1 plat à tajine

1,2 kg de viande de veau (jarret)

6 oignons

3 cuil. à soupe d'huile d'olive

150 g d'amandes entières

1 bouquet de coriandre

2 cuil. à soupe de miel

1 cuil. à café de cannelle moulue - 2 doses de safran

sel - poivre

Dans un plat à tajine (ou une sauteuse), faites chauffer l'huile et faites-y revenir les oignons pelés et émincés à feu doux. Dans le plat, déposez alors la viande découpée en morceaux, la moitié des amandes, la moitié de la coriandre, la cannelle, le safran et le miel. Salez et poivrez.

Ajoutez de l'eau à hauteur des ingrédients, couvrez à nouveau et prolongez la cuisson 1 heure encore, toujours à feu doux.

Par ailleurs, faites griller, à sec (c'est-à-dire sans matière grasse) et pendant 3 minutes, le reste des amandes dans une poêle à revêtement antiadhésif posée sur feu vif.

Présentez directement dans le plat à tajine (ou à défaut, dans un plat de service). Ajoutez les amandes grillées et parsemez de coriandre ciselée avant de déguster.

Tajine de veau aux olives et à la tomate

bon marché • facile à réaliser • préparation : 25 min • cuisson : 1 h 05 • pour 6 personnes

1 plat à tajine

1,2 kg de viande de veau (jarret)

4 oignons - sel

1 gousse d'ail hachée

12 tomates pelées et concassées

18 grosses olives violacées

4 cuil. à soupe d'huile d'olive

1 bouquet de coriandre

2 branches de romarin

1 feuille de laurier

1/2 cuil. à café de harissa

1 cuil. à café de cumin, 1 de ras el hanout, 1 de paprika

Faites chauffer l'huile d'olive dans le plat de cuisson et faites-y revenir l'ail et les oignons émincés pendant 5 minutes à feu moyen.

Ajoutez alors les morceaux de viande, les tomates, les olives, la moitié de la coriandre, le romarin, le laurier, la harissa et les épices.

Versez de l'eau à hauteur des ingrédients. Salez, couvrez et laissez mijoter la préparation 1 heure à feu doux.

Parsemez du reste de basilic ciselé avant de servir.

Tajine de boulettes de bœuf aux carottes

coût moyen • facile à réaliser • préparation : 25 min • cuisson : 1 h • pour 6 personnes

1 planche à découper
1 saladier
1 plat à tajine
1 poêle

Pour les boulettes :

1,2 kg de viande de bœuf hachée
4 échalotes - sel - poivre
1 bouquet de coriandre
1 cuil. à café de cumin
1 cuil. à café de gingembre moulu

6 oignons
4 cuil. à soupe d'huile d'olive -600 g de carottes
le jus d'1 orange
100 g d'amandes effilées
1 bouquet de coriandre
2 cuil. à soupe de miel
1 cuil. à café de cumin en poudre, 1 de graines de cumin
1 cuil. à café de paprika
sel - poivre

1 Préparez les boulettes : pelez les échalotes et hachez-les. Lavez la coriandre et hachez-la. Dans un saladier, rassemblez la viande, les échalotes, la coriandre, le gingembre et le cumin. Salez et poivrez. Mélangez bien et façonnez des boulettes de la taille d'une balle de golf, avec vos doigts.

2 Préparez le tajine : pelez les oignons et émincez-les. Lavez la coriandre, essorez-la dans un linge propre et ciselez-la. Épluchez les carottes et coupez-les en rondelles. Dans votre plat de cuisson, faites chauffer l'huile d'olive et faites-y revenir les oignons et les boulettes de viande à feu doux. Ajoutez le miel, le jus d'orange, 10 cl d'eau, couvrez et comptez 20 minutes de cuisson.

3 Dans le plat, déposez alors les rondelles de carottes et les épices. Salez et poivrez. Ajoutez de l'eau à hauteur des ingrédients, couvrez à nouveau et prolongez la cuisson 35 minutes environ.

4 Par ailleurs, faites griller à sec (c'est-à-dire sans matière grasse) et pendant 1 à 2 minutes, les amandes dans une poêle à revêtement antiadhésif posée sur feu vif. Présentez directement dans le plat à tajine (ou à défaut, dans un plat de service). Ajoutez les amandes grillées et parsemez de coriandre ciselée avant de déguster.

variante

N'hésitez pas à remplacer des carottes par de la chair de potiron coupée en cubes.

truc de cuisinier

Préférez le jus d'orange fraîchement pressée. C'est toujours meilleur.

Tajine de carottes aux écorces de citron vert

bon marché • facile à réaliser • préparation : 25 min • cuisson : 35 min • pour 6 personnes

1 planche à découper et un couteau de cuisine
1 paire de ciseaux de cuisine
1 presse agrume
1 zesteur
1 plat à tajine
1 poêle

1,2 kg de carottes
6 oignons
4 cuil. à soupe d'huile d'olive
1 orange
1 citron vert non traité
100 g d'amandes effilées
1 bouquet de coriandre
2 cuil. à soupe de miel
1 cuil. à café de cumin en poudre
1 cuil. à café de graines de cumin
1 cuil. à café de paprika
sel - poivre

1 Pelez les oignons et émincez-les. Lavez la coriandre, essorez-la dans un linge propre et ciselez-la. Épluchez les carottes et coupez-les en rondelles. Pressez l'orange. Lavez le citron vert. Avant de le presser pour en recueillir le jus, prélevez son zeste et hachez-le.

2 Dans votre plat de cuisson, faites chauffer l'huile d'olive et faites-y revenir les oignons à feu doux. Ajoutez le miel, le jus d'orange, le jus et le zeste du citron vert, les rondelles de carottes et les épices. Salez et poivrez. Ajoutez de l'eau à hauteur des ingrédients, couvrez et prolongez la cuisson 30 minutes environ.

3 Par ailleurs, faites griller, à sec (c'est-à-dire sans matière grasse) et pendant 1 à 2 minutes, les amandes dans une poêle à revêtement antiadhésif posée sur feu vif.

4 Présentez directement dans le plat à tajine (ou à défaut, dans un plat de service). Ajoutez les amandes grillées et parsemez de coriandre ciselée avant de déguster.

variante

Vous pouvez remplacer le citron vert par un citron jaune non traité.

truc de cuisinier

Pour prélever le zeste du citron, utilisez un zesteur. Mais si vous n'en possédez pas, vous pouvez également utiliser un couteau économe pour « éplucher » le citron et émincez finement à l'aide d'un couteau le zeste ainsi prélevé.

Tajine de patates douces à l'orange

bon marché • facile à réaliser • préparation : 20 min • cuisson : 35 min • pour 6 personnes

1 planche à découper et un couteau de cuisine

1 paire de ciseaux de cuisine

1 presse-agrume

1 zesteur

1 plat à tajine (ou cocotte, sauteuse, etc.)

1 poêle

1,2 kg de patates douces

4 oignons

30 g de beurre

3 cuil. à soupe d'huile d'olive

1 cuil. à soupe de cumin

2 oranges non traitées

1/2 bouquet de coriandre ciselée

1/2 bouquet de persil ciselé

150 g d'amandes effilées

sel

poivre

1 Pelez les oignons et émincez-les finement. Épluchez les patates douces et coupez-les en cubes. Lavez les oranges, prélevez le zeste de l'une d'entre elles, puis émincez-le. Pressez les 2 oranges.

2 Dans un plat à tajine ou une sauteuse posée sur feu doux, faites fondre le beurre avec l'huile d'olive. Faites-y revenir les oignons pendant 5 minutes. Ajoutez les patates douces, le jus et le zeste des oranges, le cumin et le persil. Versez de l'eau à hauteur. Salez, poivrez, couvrez et faites mijoter 30 minutes environ.

3 Faites alors griller les amandes à sec (c'est-à-dire sans matière grasse) dans une poêle à revêtement antiadhésif.

4 À l'issue de la cuisson, ajoutez les amandes entières et la coriandre. Dégustez bien chaud avec une volaille ou de la viande blanche.

variante

Pour une saveur plus subtile, n'hésitez pas à remplacer les oranges par 4 clémentines non traitées.

truc de cuisinier

Il est indispensable de surveiller la cuisson afin que les ingrédients n'attachent pas. Ayez toujours un verre d'eau à porter de main pour le verser dans le plat au cas où...

Tajine de pommes de terre et petits pois

bon marché • facile à réaliser • préparation : 20 min • cuisson : 35 min • pour 6 personnes

1 planche à découper et un couteau de cuisine

1 paire de ciseaux de cuisine

1 couteau économe

1 plat à tajine (ou cocotte, sauteuse, etc.)

1 kg de pommes de terre

400 g de petits pois écossés

6 oignons pelés et émincés

3 cuil. à soupe d'huile d'olive

1 bouquet de coriandre

1 cuil. à café de ras el hanout

1 cuil. à café de cumin

1 pincée de piment moulu

sel

1 Pelez les oignons et émincez-les finement. Épluchez les pommes de terre et coupez-les en morceaux. Lavez la coriandre et ciselez-la.

2 Dans un plat de cuisson, faites chauffer l'huile d'olive et faites-y revenir les oignons pendant 5 minutes environ.

3 Ajoutez alors les pommes de terre, les petits pois, les épices et la moitié des herbes. Salez, versez de l'eau à hauteur des ingrédients. Couvrez et faites cuire 30 minutes à feu doux.

4 Juste avant de servir, parsemez du reste des herbes ciselées.

variante

Vous pouvez remplacer les petits pois par des haricots extra fins, coupés en morceaux.

truc de cuisinier

Afin de ne pas avoir à les écosser, achetez des petits pois surgelés.

Tajine de courgettes et d'aubergines au basilic

bon marché • facile à réaliser • préparation : 20 min • cuisson : 35 min • pour 6 personnes

1 planche à découper et un couteau de cuisine

1 paire de ciseaux de cuisine

1 plat à tajine (ou cocotte, sauteuse, etc.)

6 courgettes

4 aubergines

1 douzaine d'olives noires

6 oignons

1 bouquet de basilic

1 gousse d'ail

3 cuil. à soupe d'huile d'olive

2 cuil. à soupe de cumin

sel

poivre

1 Pelez les oignons et émincez-les finement. Pelez la gousse d'ail. Lavez les courgettes, retirez les extrémités et coupez-les en dés. Lavez les aubergines, et coupez-les en cubes. Lavez le basilic et ciselez-le.

2 Posez le plat à tajine sur feu doux et faites-y chauffer l'huile d'olive. Faites-y alors revenir les oignons et la gousse d'ail pendant 5 minutes. Retirez alors la gousse d'ail, puis les olives, les dés de courgettes et les cubes d'aubergines.

3 Versez de l'eau à hauteur des ingrédients, salez, poivrez, saupoudrez de cumin, couvrez et faites cuire 30 minutes à feu doux.

4 Parsemez de basilic ciselé avant de servir.

variante

Les amateurs pourront ajouter à cette recette 1 ou 2 brins de thym et 1 feuille de laurier.

truc de cuisinier

Utilisez des olives noires dénoyautées si vous le préférez.

Tajine de courgettes, aubergines et citron confit

bon marché • facile à réaliser • préparation : 20 min • cuisson : 35 min • pour 6 personnes

1 plat à tajine

6 courgettes - 4 aubergines

1 citron confit au sel (en vente dans les épiceries orientales)

1 douzaine d'olives violacées

6 oignons émincés - sel - poivre

6 brins de coriandre

3 brins de persil plat

1 gousse d'ail pelée

3 cuil. à soupe d'huile d'olive

2 cuil. à soupe de cumin

Posez le plat à tajine sur feu doux et faites-y chauffer l'huile d'olive. Faites-y alors revenir les oignons et la gousse d'ail pendant 5 minutes. Retirez la gousse d'ail, puis ajoutez le citron confit coupé en quartiers, les olives, les courgettes et les aubergines coupées en dés.

Versez de l'eau à hauteur des ingrédients, salez, poivrez, saupoudrez de cumin, couvrez et faites cuire 30 min à feu doux.

Parsemez d'herbes ciselées (coriandre et persil plat) avant de servir.

Tajine de fonds d'artichauts au miel

bon marché • facile à réaliser • préparation : 25 min • cuisson : 30 min • pour 6 personnes

1 planche à découper et un couteau de cuisine

1 paire de ciseaux de cuisine

1 plat à tajine (ou cocotte, sauteuse, etc.)

18 fonds d'artichauts coupés en 4

6 oignons finement émincés

3 cuil. à soupe d'huile d'olive

3 cuil. à soupe de miel

1/2 bouquet de persil plat

1/2 bouquet de coriandre

1 cuil. à café de cannelle

2 dosettes de safran - sel

Dans un plat à tajine ou une sauteuse posée sur feu moyen, faites chauffer l'huile d'olive et faites-y revenir les oignons pendant 5 minutes environ.

Ajoutez alors les fonds d'artichauts, le miel, les épices et la moitié des herbes.

Salez, versez de l'eau à hauteur des ingrédients. Couvrez et faites cuire 35 minutes à feu doux.

Juste avant de servir, parsemez du reste des herbes ciselées.

DIEG
MATES

Tajine de topinambour au cumin

bon marché • facile à réaliser • préparation : 25 min • cuisson : 35 min • pour 6 personnes

1 planche à découper et un couteau de cuisine

1 couteau économe

1 paire de ciseaux de cuisine

1 plat à tajine (ou cocotte, sauteuse, etc.)

6 oignons

1 kg de topinambours

3 cuil. à soupe d'huile d'olive

1/2 bouquet de persil plat

1/2 bouquet de coriandre

1 cuil. à café de ras el hanout

1 cuil. à café de cumin

1 pincée de piment moulu

sel

1 Pelez les oignons et émincez-les. Épluchez les topinambours. Lavez les herbes et ciselez-les.

2 Dans un plat à tajine ou une sauteuse posée sur feu moyen, faites chauffer l'huile d'olive et faites-y revenir les oignons pendant 5 minutes environ.

3 Ajoutez alors les topinambours, les épices et la moitié des herbes. Salez, versez de l'eau à hauteur des ingrédients. Couvrez et faites cuire 30 minutes à feu doux.

4 Juste avant de servir, parsemez du reste des herbes ciselées.

variante

Vous pouvez remplacer les topinambours par des fonds d'artichauts.

truc de cuisinier

Attention, éplucher les topinambours n'est pas chose aisée et peut prendre un peu de temps.

Tajine de fruits exotiques à la noix de coco

bon marché • facile à réaliser • préparation : 20 min • cuisson : 11 min • pour 6 personnes

1 planche à découper et un couteau de cuisine

1 couteau économe

1 presse-agrume

1 paire de ciseaux de cuisine

1 plat à tajine (ou cocotte, sauteuse, etc.)

2 mangues

1 papaye

3 kiwis

2 citrons verts

6 brins de coriandre

25 cl de lait de coco

3 cuil. à soupe de cassonade

50 g de beurre

100 g de noix de coco râpée

1 cuil. à soupe de gingembre moulu

1 Pelez les fruits, dénoyautez-les ou épépinez-les si nécessaire et coupez-les en cubes. Pressez les citrons verts pour en recueillir le jus. Lavez la coriandre et ciselez-la.

2 Dans un plat à tajine, faites chauffer le beurre et la cassonade et faites-y revenir les fruits 1 minute à feu vif en mélangeant bien.

3 Ajoutez alors le gingembre, le lait de coco et le jus des citrons verts. Couvrez et comptez 10 minutes de cuisson.

4 Parsemez de coriandre ciselée et de noix de coco râpée avant de déguster tiède.

variante

Vous pouvez remplacer la coriandre par de la menthe.

truc de cuisinier

Pour ciseler les herbes, utilisez une paire de ciseaux.

Tajine de melon et de pêche au basilic

bon marché • facile à réaliser • préparation : 10 min • cuisson : 6 min • pour 6 personnes

1 planche à découper et un couteau de cuisine

1 couteau économe

1 paire de ciseaux de cuisine

1 plat à tajine (ou cocotte, sauteuse, etc.)

1 poêle

3 petits melons bien mûrs

6 pêches jaunes

1 gousse de vanille

3 cuil. à soupe de miel

150 g de pignons

3 cuil. à soupe d'huile d'olive

12 brins de basilic

Pelez les fruits et coupez-les en morceaux. Lavez le basilic et ciselez-le.

Dans un plat à tajine, faites chauffer l'huile et le miel. Ajoutez les fruits, mélangez bien, puis ajoutez la gousse de vanille fendue en 2 et grattée. Versez 1 verre d'eau. Couvrez et prolongez la cuisson 5 minutes.

Faites alors griller les pignons 1 minute sans matière grasse, dans une poêle à revêtement antiadhésif.

Avant de servir, ajoutez les pignons et le basilic ciselé.

Tajine de figues au miel, au fromage frais et à la menthe

bon marché • facile à réaliser • préparation : 10 min • cuisson : 11 min • pour 6 personnes

1 couteau économe

1 plat à tajine - 1 poêle

12 figues fraîches

1 gousse de vanille

250 g de fromage frais

3 cuil. à soupe de miel

150 d'amandes effilées

50 g de beurre

1 cuil. à café de cannelle en poudre

12 brins de menthe

Lavez les figues et coupez-les en 2. Lavez la menthe et ciselez-la.

Dans un plat à tajine, faites chauffer le beurre et le miel. Ajoutez les figues, mélangez bien, puis ajoutez la gousse de vanille fendue en 2 et grattée, la cannelle en poudre. Versez 1 verre d'eau. Couvrez et prolongez la cuisson 10 minutes. Retirez du feu. Laissez tiédir et reconstituez les figues en « collant » les moitiés de fruits à l'aide d'une cuillerée de fromage frais.

Faites alors griller les amandes 1 minute sans matière grasse, dans une poêle à revêtement antiadhésif.

Servez les figues sur assiettes, parsemées d'amandes grillées et de menthe ciselée et arrosées de la sauce de cuisson.

Tajine de mangue et boule de glace à la vanille

bon marché • facile à réaliser • préparation : 20 min • cuisson : 11 min • pour 6 personnes

1 planche à découper et un couteau de cuisine

1 couteau économe

1 presse-agrume

1 paire de ciseaux de cuisine

1 plat à tajine (ou cocotte, sauteuse, etc.)

1 poêle

4 belles mangues

le jus de 2 oranges

1 cuil. à café de gingembre râpé

1 cuil. à café de cannelle en poudre

3 cuil. à soupe de cassonade

50 g de beurre salé

500 ml de glace à la vanille

150 g d'amandes entières

1 Ouvrez les mangues en deux. Dénoyautez-les et coupez la chair en cubes.

2 Dans le plat de cuisson, faites chauffer le beurre salé et la cassonade. Déposez les cubes de fruits, mélangez bien, puis ajoutez les épices et le jus des oranges. Versez 1 verre d'eau. Couvrez et prolongez la cuisson 10 minutes.

3 Faites alors griller les amandes 1 minute sans matière grasse, dans une poêle à revêtement antiadhésif.

4 Dégustez ce dessert tiède et parsemé d'amandes grillées, avec une quenelle de glace à la vanille.

variante

La saveur d'une boule de glace à la noix de coco remplacera tout aussi délicieusement la glace à la vanille.

truc de cuisinier

Réalisez vous-même votre glace à la vanille en préparant 50 cl de crème anglaise que vous ferez prendre en glace dans une sorbetière.

Tajine de bananes aux fruits secs

bon marché • facile à réaliser • préparation : 20 min • cuisson : 6 min • pour 6 personnes

1 planche à découper et un couteau de cuisine

1 couteau économe

1 bol

1 presse-agrume

1 paire de ciseaux de cuisine

1 plat à tajine (ou cocotte, sauteuse, etc.)

6 bananes

le jus de 2 citrons

6 abricots secs

6 pruneaux

50 g de pistaches

50 g d'amandes

50 g de noix de cajou

50 g de raisins secs

5 cl de rhum

50 g de beurre

8 cl de sirop de sucre de canne

6 brins de coriandre

1 cuil. à café de cannelle

1 cuil. à café de gingembre

1 Pelez les bananes et coupez-les en rondelles. Déposez-les dans un saladier et arrosez-les du jus des citrons.

2 À l'aide d'un couteau, concassez les abricots, les pruneaux, les pistaches, les amandes et les noix de cajou. Mettez-les dans un bol avec les raisins secs et arrosez-les de rhum. Lavez la coriandre et ciselez-la.

3 Dans un plat à tajine, faites chauffer le beurre et le sirop de sucre et faites-y revenir les rondelles de banane 1 minute à feu vif en mélangeant bien. Ajoutez alors les fruits secs et les épices.

4 Couvrez et comptez 5 minutes de cuisson à feu moyen. Parsemez de coriandre ciselée avant de déguster tiède.

variante

N'hésitez pas à utiliser un mélange d'épices à pain d'épices (en vente dans les épiceries fines) en lieu et place de la cannelle et du gingembre.

truc de cuisinier

Il est indispensable d'arroser les morceaux de banane de jus de citron, afin d'éviter que ceux-ci ne noircissent.

Tajine de pommes et de poires à la vanille et aux amandes

bon marché • facile à réaliser • préparation : 20 min • cuisson : 11 min • pour 6 personnes

1 planche à découper et un couteau de cuisine

1 saladier

1 couteau économe

1 presse-agrume

1 paire de ciseaux de cuisine

1 plat à tajine (ou cocotte, sauteuse, etc.)

1 poêle

6 pommes de type golden

3 poires

100 g de raisins secs

1 citron jaune

1 gousse de vanille

1 bâton de cannelle

3 cuil. à soupe de miel

150 d'amandes effilées

50 g de beurre

1 cuil. à café de cannelle en poudre

1 Pelez les pommes et les poires. Épépinez-les et coupez-les en cubes. Rassemblez-les dans un saladier. Pressez le citron et arrosez les cubes de fruits avec le jus ainsi recueilli.

2 Dans un plat à tajine, faites chauffer le beurre et le miel. Ajoutez les pommes, les poires, les raisins secs et mélangez bien, puis ajoutez la gousse de vanille fendue en 2 et grattée, le bâton de cannelle et la cannelle en poudre. Versez 1 verre d'eau. Couvrez et prolongez la cuisson 10 minutes.

3 Faites alors griller les amandes 1 minute sans matière grasse, dans une poêle à revêtement antiadhésif.

4 Dégustez ce dessert tiède et parsemé d'amandes grillées.

variante

Si vous le désirez, vous pouvez ajouter à votre tajine des abricots secs.

truc de cuisinier

En l'absence de gousse de vanille, ajoutez quelques gouttes d'extrait de vanille à la fin de la cuisson.

Index des recettes

Agneau et mouton

Volailles

Poissons

Infos mesures

	1 cuil. à café rase	1 cuil. à soupe rase
Eau	0,5 cl	1 cl
Huile	5 g	16 g
Miel	5 g	18 g
Sel	5 g	15 g
Sucre	6 g	20 g